INSTRUCTION PUBLIQUE.

FACULTÉ DE DROIT DE STRASBOURG.

ACTE PUBLIC

SUR

LES SUCCESSIONS IRRÉGULIÈRES,

SOUTENU

A la Faculté de Droit de Strasbourg, le Lundi 1.ᵉʳ Juillet 1816, à quatre heures de relevée,

POUR

OBTENIR LE GRADE DE LICENCIÉ EN DROIT,

PAR

DÉS. FR. ALEX. CHASTELAIN,

BACHELIER EN DROIT,

DE PHALSBOURG (DÉPART. DE LA MEURTHE).

STRASBOURG,

De l'imprimerie de LEVRAULT, impr. de la Faculté de Droit.
1816.

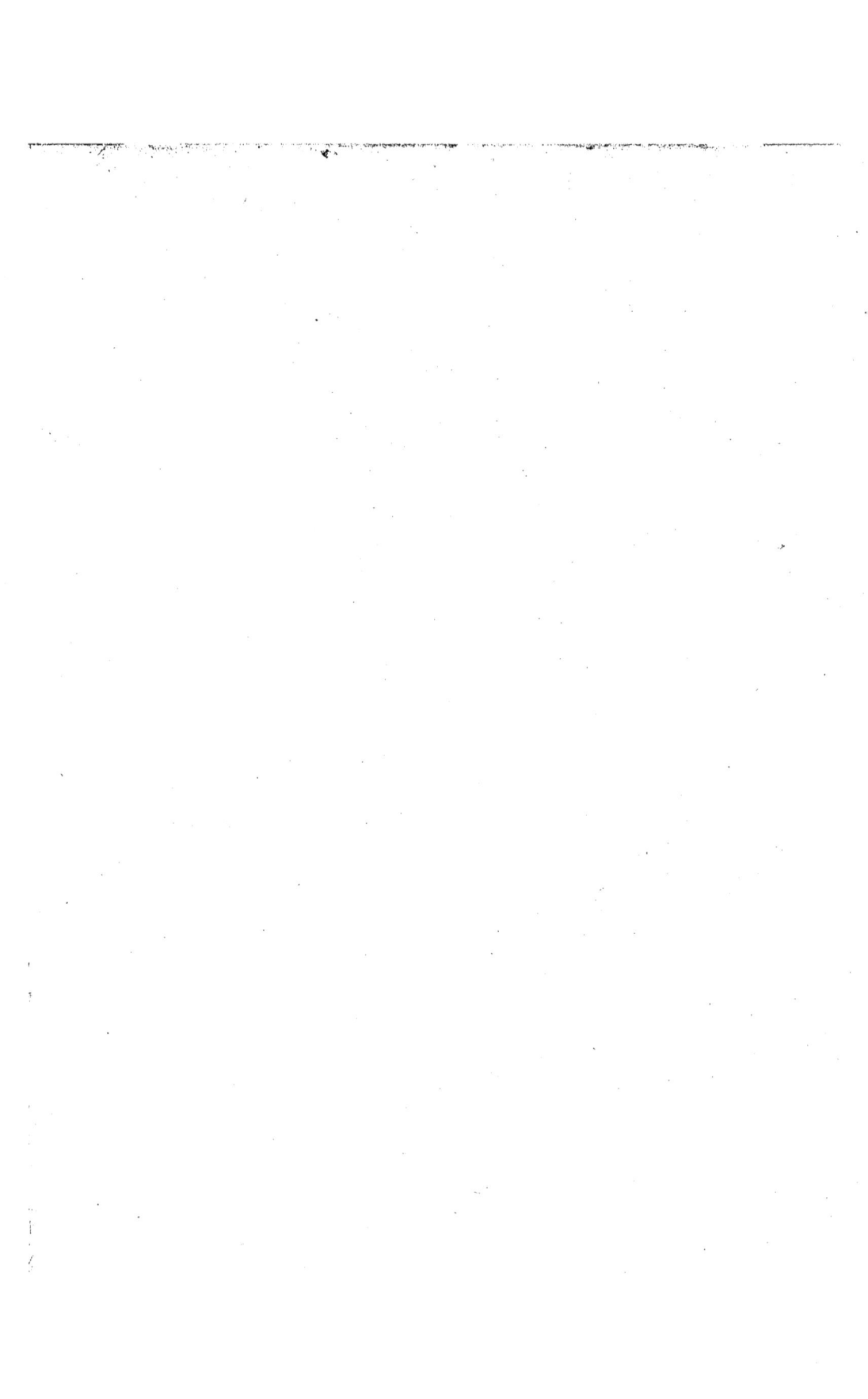

M. HERMANN, Doyen de la Faculté, Chevalier de la Légion
d'Honneur.

EXAMINATEURS:

MM. HERMANN,
    FRANTZ,
    THIERIET DE LUYTON,   Professeurs.
    SPIELMANN............ Suppléant.

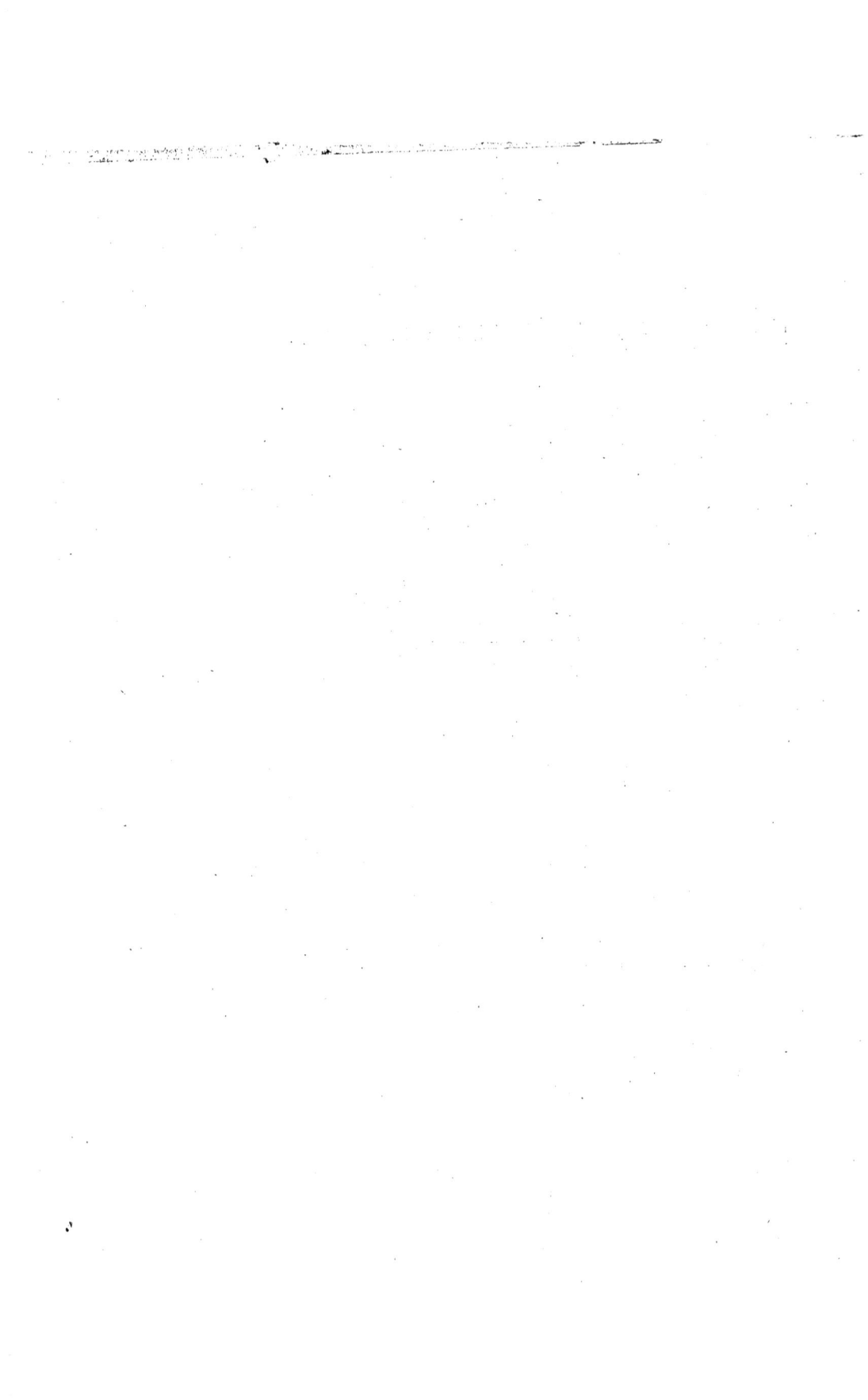

DES
SUCCESSIONS IRRÉGULIÈRES.

Introduction.

Avant d'entrer dans la matière des successions irrégulières, il est à propos de jeter un coup d'œil sur les successions en général, et sur l'ordre dans lequel elles sont déférées par la loi.

La succession est une institution civile[1], par laquelle les biens et les droits des personnes qui meurent, passent à d'autres personnes qui entrent en leur place.

Dans le choix d'un système de succession, les législateurs ont cherché à satisfaire les désirs du propriétaire qui délaisse, en consultant néanmoins l'avantage de la société entière.

Ils ont adopté la succession testamentaire : mais, comme il est de l'intérêt public que les descendans et, à leur défaut, les ascendans soient héritiers nécessaires, c'est-à-dire, qu'ils aient une portion déterminée de la succession, celui qui fait un testament ne peut disposer que d'une quotité calculée, soit sur la qualité, soit sur le nombre des héritiers nécessaires qui existent. S'il n'en existe pas, il peut disposer de la totalité de ses biens.

Lorsqu'une personne décède sans avoir fait de testament, il peut y avoir lieu à trois autres espèces de successions régulières :

La succession des descendans ; à leur défaut, celle des ascendans ; enfin, celle des collatéraux, qui peut s'ouvrir, soit à

---

[1] Le partage des biens, les lois sur ce partage, les successions après la mort de celui qui a eu ce partage, tout cela ne peut avoir été réglé que par la société et, par conséquent, par des lois politiques ou civiles. (*Esprit des lois, liv.* 26, *ch.* 6.)

1*

l'exclusion des ascendans, lorsqu'il y a des collatéraux au troisième degré, et qu'il n'y a point d'ascendans du premier degré; soit concurremment entre les ascendans du premier degré et les collatéraux du troisième; soit, enfin, pour les collatéraux seuls, à défaut d'ascendans.

Ces trois derniers ordres de successions régulières joignent à l'avantage de remplir l'intention présumée du défunt, celui de s'allier à l'intérêt politique de l'État.

Telles sont les quatre espèces de successions régulières. Il y a trois espèces de successions irrégulières;

1.º Celle des enfans naturels;

2.º Celle du conjoint survivant;

3.º Celle du fisc.

Chacune de ces espèces fera l'objet d'une division particulière.

PREMIÈRE DIVISION.
De la Succession des Enfans naturels.

L'obligation naturelle qu'a le père de nourrir ses enfans, a fait établir le mariage, qui déclare celui qui doit remplir cette obligation[1]. Les enfans issus du mariage jouissent en outre du privilége de succéder à leurs parens : les enfans naturels, au contraire, n'ont de parens certains que lorsqu'ils ont été reconnus légalement. Mais la reconnoissance légale ne les assimile point aux enfans légitimes; elle se borne à établir leur filiation, sans les faire entrer dans la famille de leurs pères et mères. Néanmoins l'obligation naturelle dont nous venons de parler, existe à leur égard; les lois l'ont consacrée; elles leur ont de plus accordé, sur la succession de leurs parens, des droits qui sont calculés sur le nombre et la proximité des héritiers légitimes.

---

[1] Esprit des lois, l. 23, chap. 2.

Les législations antérieures offroient sur ce point des dispositions variées.

Les lois hébraïques, qui ordonnoient la multiplication [1], avoient permis la polygamie et toléré le concubinage. Les bâtards venoient à la succession de leurs parens, comme les enfans légitimes : cependant ils étoient exclus de l'assemblée de la nation, et tous leurs enfans, jusqu'à la dixième génération. [2]

Des lois plus rigoureuses proscrivoient l'inceste et l'adultère. La mort des coupables expioit ces crimes sur-le-champ. [3]

Les lois d'Athènes privoient aussi les bâtards des droits politiques ; mais elles n'appeloient bâtards que ceux qui étoient nés d'une mère ou d'un père étrangers [4] : car, depuis Égée, roi d'Athènes, qui adopta Thésée, son fils naturel, tous les Athéniens pouvoient, en adoptant leurs enfans naturels, leur conférer tous les droits d'enfans légitimes et les confondre avec eux [5]. Mais on sévissoit avec force contre l'adultère. Le mari qui y surprenoit sa femme, étoit en droit d'ôter la vie au coupable [6], ou, par des tourmens, il l'obligeoit à la racheter [7]. Il répudioit sa femme sur-le-champ, et elle étoit exclue pour toujours des cérémonies religieuses. [8]

La législation romaine, plus juste, en ce qu'elle accorda aux enfans naturels les droits politiques, et par-là leur permit d'aspirer aux charges [9], se montra peut-être trop sévère dans les dispositions

---

1 *Gen. c.* 9, *v.* 7.

2 *Deut.*, *c.* 23, *v.* 2.

3 *Lev.*, *c.* 20, *v.* 10, 11, 12 *et* 17.

4 PLUT. *in Them. et Pericl.*

5 ATHÉNÉE, liv. 13, p. 576, 577 ; SAM. PETIT. *leg. Att.*, p. 141.

6 LYS. *pro cæde Erat.*

7 ARIST. *in Plut.*, *v.* 168, *schol. ibid.*

8 DEMOSTH. *in Nœream.*

9 *Spurii decuriones fiunt, et ideo fieri poterit ex incesto quoque natus : non enim impedienda est dignitas ejus qui nihil admisit.* (L. 6, *ff.* de decurionibus.)

relatives aux successions. Cette rigueur ne date, à la vérité, que de Constantin.

La loi des douze tables donnant au père de famille une puissance illimitée, il pouvoit régler, selon son caprice, la succession de ses enfans, tant naturels que légitimes : sa dernière volonté avoit force de loi. *Qui testatur legem dicit posteritati suæ.* Et lorsque la jurisprudence prétorienne eut introduit la succession appelée *bonorum possessio* et la querelle d'inofficiosité, en faveur des héritiers siens, dont le défunt n'avoit point fait mention dans son testament, les bâtards partagèrent avec les enfans légitimes les avantages de l'édit du préteur. Ils n'eurent point de droit à la succession de leur père, *quia incertus erat;* mais ils furent appelés à celle de leur mère, concurremment avec les enfans légitimes [1]. Ils purent, comme eux, intenter la querelle d'inofficiosité. [2]

Lorsque la corruption des mœurs mit le mariage dans un tel discrédit qu'il fallut des lois contre le célibat[3], des lois adaptées à la pureté primitive des mœurs ne furent plus suffisantes. Constantin fut le premier qui sévit contre les enfans naturels[4]. Les constitutions qu'il fit contre eux, ne nous sont point parvenues. Nous savons seulement que les empereurs Valentinien I.er, Valentinien III et Justinien en adoucirent successivement les dispositions ; cependant ils ne les dépouillèrent point de toute leur rigueur. On peut en juger par le dernier état de la jurisprudence romaine.

Si le père de famille laissoit des enfans légitimes, il ne pouvoit disposer en faveur des enfans naturels que d'un douzième de sa

---

1 *Eos etiam cum legitimis liberis ad materna venire bona, quæ jure legitimo in suo patrimonio possidet, nulla dubitatio est.* (L. 5, cod. ad S. C. Orph.)

2 *De inofficioso testamento matris spurii quoque filii dicere possunt.* (L. 29, §. 1, ff. de inoff. test.)

3 Esprit des lois, l. 23, c. 21.

4 D'Expilly, Plaid. 17, n.° 24.

fortune, douzième qui se partageoit par tête entre les bâtards et leur mère. [1]

S'il ne laissoit ni femme ni enfans légitimes, il pouvoit disposer en faveur de ses enfans naturels de la totalité de ses biens [2], à moins qu'il n'eût des ascendans, qui, dans ce cas, prélevoient la réserve qui leur étoit due. [3]

Dans la succession ab intestat les droits des enfans naturels étoient plus bornés.

Si le père laissoit une femme ou des enfans légitimes, la loi n'accordoit aux bâtards que des alimens; [4]

S'il ne laissoit ni femme ni enfans légitimes, les bâtards recueilloient le sixième de la succession [5], dans lequel leur mère prenoit une portion virile. [6]

L'esprit de la législation romaine passa dans l'ancienne jurisprudence françoise. Le père devoit aussi des alimens à ses enfans naturels : « Qui fait l'enfant, dit Loisel, doit le nourrir. » (Inst. cout.). Les lois féodales concouroient encore à établir une différence entre les enfans légitimes et les naturels.

Les bâtards du Roi étoient princes ; ceux des grands étoient nobles [7] : ceux des roturiers, au contraire, étoient réduits au rang d'aubains, de serfs et de main-mortables [8]. Le bâtard, quoique

---

1 *Testari dedimus usque ad unciam, quam habebunt una cum matre.* (Nov. 18, cap. 5. Auth. Præter. Cod. Unde vir et uxor.)

2 *Licet patri, sine legitima prole seu parente, cui relinqui necesse est, decedenti, naturalibus totam substantiam suam transmittere.* (Auth. Licet Cod. de natural.)

3 *Legitima parte parentibus relicta, reliquum inter naturales distribui permittitur.*

4 *Ab intestato quidem, nihil eis existere omnino volumus : pasci vero naturales a legitimis sancimus.* (Nov. 89, c. 12, §. 6.)

5 *Tunc enim damus eis ab intestato ad duas uncias vocationem* (N. 89, c. 12, §. 4). La loi 4, *ff. Unde cognati,* ne leur donnoit rien.

6 Auth. Licet Cod. de natur.

7 Tiraqueau, de Nobil., c. 15 ; d'Aguesseau, t. VII, p. 405.

8 Baquet, Droit de bâtardise, p. 1 et 2.

reconnu, n'entroit point dans la famille de son père et de sa mère ; aucune filiation civile n'étoit établie entre eux ; on lui appliquoit cette maxime romaine : *nec genus, nec gentem habet.* Et telle étoit envers les enfans naturels la rigueur du droit françois, que ceux même qui avoient été légitimés par rescrit du Prince, n'avoient le droit de succéder, que lorsque les héritiers présomptifs du défunt, au temps de son décès, y consentoient.

La révolution vint renverser tout l'édifice de l'ancienne jurisprudence. Les lois sur les enfans naturels furent les premières abrogées[1]. Les bâtards, déclarés enfans de la patrie par décret de la Convention[2], furent ensuite admis au rang des enfans légitimes.[3] « Un tel système étoit fait pour ébranler l'ordre social, puis- « qu'il ôtoit au mariage la seule prime d'encouragement qui lui « restoit pour lutter contre la dépravation des mœurs[4]. » Cette loi, pernicieuse par sa rétroactivité, l'étoit encore plus par les lacunes nombreuses qu'elle offroit. Celle du 14 Floréal an XI vint tardivement mettre un terme à l'incertitude dans laquelle elle avoit mis l'état des personnes. Enfin, le Code civil sut, par une sage combinaison, allier les dispositions que la nature et l'humanité sollicitoient pour les enfans naturels, à celles qu'exigeoient la dignité du mariage et le maintien de l'ordre social.

On distingue plusieurs classes d'enfans naturels. La première comprend ceux qui, quoique nés hors du mariage, se trouvent légitimés par le mariage de leurs père et mère. Le législateur a pensé que cette union subséquente justifioit assez leur naissance ; il les a entièrement assimilés aux enfans légitimes. Puisqu'ils sont successeurs réguliers, ils ne doivent point nous occuper. La seconde classe se compose des enfans naturels qui ont été *reconnus.*

---

1 Décret de la Conv. nat., du 14 Juin 1793.
2 Du 14 Juillet 1793.
3 Décret du 12 Brumaire an II, art. 2.
4 Huguet, Rapport au Tribunat.

La manière dont ils succèdent, fera l'objet d'une première section. La seconde section comprendra les dispositions sur les enfans adultérins et incestueux. Enfin, dans la troisième nous parlerons des enfans qui n'ont point été reconnus, et de ceux qui ont été abandonnés.

PREMIÈRE SECTION.
De la Succession des Enfans naturels reconnus.

Les enfans naturels sont *reconnus*, lorsque leur filiation est établie, soit dans leur acte de naissance, soit dans un acte authentique (334). Ainsi le jugement qui, dans une recherche de maternité, aura constaté la filiation, sera pour l'enfant un titre de reconnoissance, de même que celui qui, dans l'hypothèse de l'art. 340, aura déclaré la paternité du ravisseur.

On peut, dans la succession des enfans naturels reconnus, comme dans la succession régulière, distinguer trois espèces de successions : la succession naturelle descendante, la succession ascendante, et la succession collatérale.

CHAPITRE PREMIER.
De la Succession naturelle descendante.

Si la loi accorde aux enfans naturels reconnus des droits semblables à ceux des héritiers légitimes, si elle leur accorde même, dans de certains cas, la totalité de la succession, ce n'est jamais à titre d'héritiers ; et quoiqu'on ne puisse les ranger entièrement dans la classe des simples créanciers, puisque la loi s'est abstenue de leur donner ce titre [1], ils sont néanmoins privés de presque tous les avantages dévolus aux seuls héritiers. Outre la faculté de

---

[1] Voyez les Conférences sur le Code à cet article, et le Discours de M. BIGOT DE PRÉAMENEU, sur les testamens, où il dit, en parlant des droits des enfans naturels : « Ce sont, sous le titre de créance, une participation à la succession. »

représenter leurs pères et mères, ils ne jouissent point de la saisine des biens (724), et ils sont obligés, ou de demander la délivrance de leur portion aux autres héritiers, s'il y en a, ou, lorsqu'ils sont seuls successeurs, de se faire envoyer en possession par le tribunal dans le ressort duquel la succession est ouverte, et dans ce cas ils doivent remplir les formalités prescrites par les articles 769, 770, 771 et 772. (Voy. art. 773.)

De ce qu'ils ne jouissent pas du bénéfice de la représentation, il suit, 1.° qu'ils ne peuvent prétendre qu'aux droits ouverts à l'époque du décès ; 2.° qu'ils n'ont aucune espèce de droits sur la succession des parens de leurs pères et mères (756).

La loi a réglé ainsi qu'il suit la quotité de leurs droits :

Si le défunt laisse des descendans légitimes, la portion de l'enfant naturel est du tiers de celle qu'il auroit eue s'il eût été légitime (757).

Elle est de la moitié, si le défunt ne laisse point de descendans légitimes, mais bien des ascendans ou des frères et sœurs. Elle comprend les trois quarts de la succession, lorsque le défunt laisse des parens au degré successible, autres que des descendans, des ascendans ou des frères ou sœurs (757).

Enfin, elle comprend la totalité des biens, lorsqu'il n'y a point de parens au degré successible (758).

Le législateur a pensé que, plus les rapports de famille étoient éloignés, plus il pouvoit accorder aux affections naturelles du défunt.

Remarquons que la portion accordée à l'enfant naturel, lorsqu'il est en concurrence avec des enfans légitimes, n'égale jamais le tiers de la part de l'enfant légitime. Il faut, pour un moment, mettre l'enfant naturel au rang des enfans légitimes, et déterminer quelle seroit sa portion en cette qualité ; le tiers de cette portion est celle que la loi lui accorde. En effet, si on négligeoit de calculer ainsi, il arriveroit que trois enfans naturels, en conourrence avec un enfant légitime, absorberoient la part de l'enfant légitime.

De même, toutes les fois qu'il existe plusieurs enfans naturels, pour déterminer la portion dont le tiers est réservé à chacun d'eux, il faut les supposer tous légitimes en même temps. Si l'on n'en supposoit qu'un seul légitime, et qu'on voulût payer les autres d'après le calcul qui auroit été fait en sa faveur, il arriveroit que les enfans naturels, en concurrence avec un seul légitime, le dépouilleroient entièrement.

Il est bon d'observer que toute reconnoissance faite pendant le mariage par l'un des époux, au profit d'un enfant naturel qu'il auroit eu, avant son mariage, d'un autre que de son époux, ne sauroit nuire ni à celui-ci, ni aux enfans nés de ce mariage.

Une pareille reconnoissance ne peut avoir d'effet qu'après la dissolution du mariage, et s'il n'en reste point d'enfans. Néanmoins, dans le cas où il resteroit des enfans de ce mariage, je crois qu'on ne pourroit point refuser des alimens à l'enfant naturel.

Enfin, lorsque l'enfant naturel concourt, soit avec des ascendans, soit avec des frères et sœurs du défunt, il prélève d'abord la moitié de la succession, et c'est sur la moitié restante que s'appliquent alors les dispositions des articles 746 et 748.

Le Code n'ayant point traité des enfans naturels d'une manière aussi complète qu'on auroit pu le désirer, il s'est élevé sur cette matière une foule de difficultés. Nous en présenterons quelques-unes.

I. Lorsqu'il n'existe, ni descendans, ni ascendans, ni frères, ni sœurs, l'enfant naturel reconnu a droit, suivant l'article 757, aux trois quarts de la succession. Mais, s'il existe des descendans de frères et sœurs, l'enfant naturel sera-t-il réduit à la moitié, par la raison que ces descendans représentent les frères et sœurs du défunt? M. GRENIER a embrassé la négative. Il prétend que, dans ce cas, la représentation ne peut avoir lieu, 1.° parce que, pour représenter un père prédécédé, il faut être en concurrence avec des oncles ou parens légitimes (742) : 2.°, si la loi ne donne que la moitié quand il y a des ascendans, ou des frères, ou des sœurs, elle se renferme dans ce degré; elle est limitative, elle ne s'étend point aux descendans de ces frères ou sœurs : c'est le cas d'appliquer la règle des inclusions. Il appuie cette opinion de plusieurs arrêts.[1]

Nous sommes loin de partager l'opinion de M. GRENIER : outre que l'induction qu'il tire de l'article 742 n'est point à l'abri de tout reproche, il nous semble que, si l'intention du législateur avoit été de contrevenir à une règle aussi générale en matière de succession que l'est celle de la représentation, il s'en seroit expliqué d'une manière plus positive, et nous ne pensons point qu'il ait voulu refuser aux descendans des frères et sœurs un avantage qu'il accorde aux ascendans, quel que soit leur degré, lorsque, dans toutes les autres successions, ces descendans excluent les ascendans.

II. Le droit d'accroissement a-t-il lieu en faveur des enfans naturels?

La loi, en établissant dans l'article 737 les droits des enfans naturels d'après une échelle calquée sur le degré de parenté des héritiers, n'a eu d'autre objet que de favoriser les parens légitimes; et rien ne le prouve mieux que la disposition de l'article 758, qui, à défaut de parens, accorde à l'enfant naturel la totalité de la succession. Cela posé, du moment que les parens refusent cette faveur, c'est comme si elle ne leur eût pas été offerte; ils sont censés n'avoir jamais été héritiers (785). On doit donc procéder au partage de la même manière que s'ils n'avoient jamais existé. Ainsi nous pensons que l'accroissement doit avoir lieu au profit des enfans naturels, soit qu'un des enfans légitimes ait renoncé, soit que les frères et sœurs et les ascendans aient renoncé, soit que

---

1 Arrêt de Douai, déféré à la Cour de cassation; arrêt de Bordeaux, du 16 Juin 1806; arrêt de Riom, du 28 Juillet 1809.

les collatéraux éloignés aient refusé le quart qui leur étoit dévolu ; bien entendu que, s'il se trouvoit parmi ces ascendans, ces frères et sœurs ou ces collatéraux, quelqu'un qui n'eût point renoncé, l'enfant naturel s'en tiendroit aux droits que la loi lui accorde dans ce cas.

III. Lorsqu'il n'existe des ascendans que dans une ligne, et que dans l'autre ligne il n'y a que des collatéraux autres que les frères et sœurs du défunt ou descendans d'eux, nous pensons que l'enfant naturel peut prétendre aux trois quarts dans la ligne où il n'y a point d'ascendans, par la raison que c'est en faveur de ces derniers seuls que l'enfant naturel est réduit à moitié. Or, si l'opinion contraire triomphoit, ce seroient les collatéraux qui jouiroient de cet avantage.

Il suit de la décision de cette question que, s'il n'y avoit dans une ligne ni ascendans ni parens successibles, l'enfant naturel auroit la totalité de la part affectée à cette ligne. Cependant la dévolution, qui à défaut de parens devroit se faire d'une ligne à l'autre, jette quelque doute sur cette question, dont la solution s'appliqueroit également au cas où il n'y auroit que des collatéraux d'un seul côté.

Si les lois politiques refusent à l'enfant naturel les droits de famille et le titre d'héritier, leur action s'arrête là et n'atteint point ses descendans : comme citoyen, il jouit des droits civils ; il peut devenir le premier chef d'une nouvelle famille, et ses descendans jouissent de tous les droits qui dérivent de la qualité d'enfant légitime. Tel est le droit de représentation ; ils entrent tellement dans la place et le degré de leur père, que, s'il étoit décédé au moment de l'ouverture de la succession de ses père et mère naturels, ils sont fondés à réclamer la part qui lui étoit accordée par la loi (759). Mais, pour jouir de ce droit, ils doivent être eux-mêmes légitimes. Plusieurs jurisconsultes, à la vérité, s'appuyant sur la généralité des mots *enfans* et *descendans*, employés dans l'article cité, ne jugent point cette condition nécessaire. Sans nous arrêter à prouver que, dans plusieurs articles du Code, et notamment dans les articles 913 et 914, cette expression ne peut s'entendre que des enfans légitimes, nous croyons pouvoir réclamer ici la stricte application de l'article 338, qui refuse aux enfans naturels les droits réservés aux enfans légitimes. Or les enfans naturels devroient représenter leur père pour être admis aux droits ouverts depuis son décès; d'ailleurs l'article 756 leur refuse toute prétention sur les biens des parens de leurs père et mère : ainsi, soit qu'ils aient des frères et sœurs légitimes, soit qu'ils existent seuls, ils sont déchus de tout droit.

Quelle que soit la part de l'enfant naturel sur la succession de ses père et mère, il est toujours tenu d'imputer sur cette part tout ce qu'il auroit reçu du défunt et qui seroit sujet au rapport. Bien plus, si le défunt lui avoit donné, même avec dispense de rapport, une portion de biens qui ne dépassât pas la quotité disponible, l'enfant naturel seroit obligé de restituer tout ce qui excéderoit la part qui lui est assignée dans le titre des successions (908); car il ne dépend ni du père, ni de la mère, d'augmenter cette part, soit directement, soit indirectement.

Ils peuvent, au contraire, la diminuer; en effet, l'article 761 porte : « Toute réclamation leur est interdite, lorsqu'ils ont reçu, « du vivant de leur père ou de leur mère, la moitié de ce qui « leur est attribué par les articles précédens, avec déclaration ex-« presse que leur intention est de réduire l'enfant naturel à la « portion qu'ils lui ont assignée. »

Cependant il n'est point facile de démêler sur ce point l'intention du législateur; on trouve à cet égard une divergence d'opinions dans les discours des orateurs du Gouvernement, que l'on peut regarder comme les meilleurs commentateurs de la loi. M. Chabot dit que la faculté de réduire la portion de l'enfant naturel est laissée au père et à la mère, pour les mettre à même de retenir dans le respect filial des enfans élevés hors de la maison paternelle. Mais, si telle avoit été la seule intention du législateur, il eût été loin d'exiger, pour la validité de cette disposition, que la part réduite fût donnée du vivant même du père ou de la mère. La faculté de réduire par testament eût été beaucoup plus puissante. M. Siméon pense, au contraire, que l'on n'a envisagé que la tranquillité et le repos des familles. « Une pareille donation, ajoute-t-il, est utile, et pour l'enfant « naturel qu'elle fait jouir plus tôt, et pour la famille qu'elle débar- « rasse d'un créancier odieux. » Cette interprétation est satisfai- sante ; néanmoins on peut observer que cette utilité dépend pour l'enfant naturel d'un événement très-incertain, la mort de celui qui lui fait cette donation. En effet, elle ne se trouve lui être avantageuse qu'autant qu'elle est faite à une époque très-an- térieure au moment où la succession s'ouvre ; si ces deux épo- ques se trouvent très-rapprochées, il est nécessairement lésé. Je ne dois point passer sous silence l'opinion d'un Professeur distin- gué de cette Faculté : il pense que l'on ne sauroit réduire la part de l'enfant naturel contre son gré, parce que, l'article 761 néces- sitant une donation entre vifs, le défaut d'acceptation de la part du donataire rendroit la disposition entièrement caduque. Cepen- dant cette interprétation ne s'accorde point parfaitement avec les expressions de l'article 761, « avec déclaration expresse que leur « intention est de *réduire* l'enfant à la portion qu'ils lui ont as- « signée, » qui semblent attribuer quelque arbitraire aux père et mère de l'enfant.

Quoique les enfans naturels ne soient point au nombre de ceux auxquels l'article 913 accorde une réserve, les articles 757 et 761 semblent néanmoins leur supposer un droit semblable. Des au- teurs, à la vérité, le leur refusent formellement [1] ; d'autres, en leur

---

[1] CHABOT et les Pandectes françoises.

accordant une réserve susceptible de réduire les dispositions testamentaires, ont soutenu que cette réserve ne pouvoit attaquer les donations entre vifs. [1]

Mais, puisque la portion de l'enfant naturel, lorsqu'il est en concurrence avec des enfans légitimes, se calcule sur la portion héréditaire qu'il auroit eue s'il eût été légitime, il faut nécessairement que la quotité de cette portion héréditaire soit connue ; or elle ne peut l'être qu'après la réduction des donations, soit entre vifs, soit testamentaires. Dans ce cas l'enfant naturel a donc le droit de réduire toutes les donations ; il l'aura, à plus forte raison, dans les autres cas, où la loi le traite avec plus de faveur. Cependant la réduction ne sauroit atteindre les donations prévues par l'article 337. Telle est aussi l'opinion de MM. Grenier et Loiseau. [2]

CHAPITRE II.

De la Succession naturelle ascendante.

Lorsqu'un enfant naturel meurt sans postérité, il ne peut y avoir lieu à la succession régulière des ascendans ou des collatéraux, puisque la loi l'a placé hors de la famille. C'est une nouvelle succession irrégulière, qui est déférée en premier lieu aux pères et mères naturels. La succession naturelle ascendante se borne à ce degré. Les enfans naturels n'ayant aucun droit sur les biens des parens de leurs pères et mères, ces parens réciproquement ne peuvent prétendre à la succession des enfans naturels.

Comme la reconnoissance est la seule preuve du lien naturel, cette succession ne se partage entre le père et la mère, que lorsqu'ils ont reconnu tous les deux l'enfant naturel : celui qui l'auroit seul reconnu, seroit admis à la totalité ; l'autre ne pourroit

---

1 Maleville, Delvincourt.
2 Loiseau, Enfans naturels, p. 577 et suiv.

rien prétendre (765), même à l'aide d'une reconnoissance faite après la mort de l'enfant, puisque, son titre ne datant que de ce jour, il n'auroit pas été habile à succéder au moment de l'ouverture de la succession (725). Cependant, comme aucune disposition législative n'empêche de reconnoître un enfant après sa mort, cette reconnoissance peut avoir lieu, et c'est alors à l'avantage des descendans légitimes de l'enfant naturel, qui le représentent et acquièrent les droits qui lui seroient échus. [1]

L'enfant naturel, jouissant de la plénitude des droits civils, peut disposer de ses biens de la même manière que les autres citoyens. Mais, dans le cas où il est mort sans descendans, peut-il tester, au préjudice du père et de la mère qui l'ont reconnu ? et ces derniers ne sont-ils pas fondés à réclamer la réserve accordée aux ascendans de leur degré sur la succession de leurs enfans prédécédés sans postérité ? (915).

Ce seroit abuser de l'interprétation littérale, que de décider affirmativement cette question, sur le seul fondement que l'article 915 ne fait point distinction de parens légitimes ou naturels. Il est trop évident qu'il ne s'agit, dans cet article, que de parens légitimes; et la vérité est que cette question, ainsi qu'un grand nombre de celles qui se présentent sur les enfans naturels, n'a point été prévue par les rédacteurs du Code.

Cependant, la réciprocité ayant toujours été admise en principe dans la matière des réserves, *quemadmodum a patribus liberis, ita a liberis patribus deberi legitimam* [2], si l'on observe que déjà la jurisprudence de la Cour de cassation a rempli une lacune de la loi, en accordant la réserve aux enfans naturels à l'instar des enfans légitimes, on penchera fortement à accorder aux pères et mères une semblable réserve sur la succession des enfans naturels.

---

1 Loiseau, Enfans naturels, p. 444.
2 Voyez Bigot de Préameneu, Discours sur les donations.

La similitude qui existe sur ce point entre la succession régulière et la succession irrégulière, doit faire penser aussi que,
lorsque les pères et mères viennent à la succession de l'enfant naturel, ils jouissent du bénéfice de l'article 747, par lequel ils
prennent hors-part, et avant tout partage, les choses par eux
données, et qui se retrouvent en nature dans la succession de
l'enfant prédécédé sans postérité.

CHAPITRE III.

De la Succession naturelle en ligne collatérale.

Les père et mère d'un enfant naturel peuvent avoir eu en outre
d'autres enfans, soit légitimes, soit naturels. Les premiers sont appelés *frères légitimes* de l'enfant naturel ; les autres, *frères naturels.*

Telle est l'irrégularité de la succession d'un enfant naturel, que,
si ses père et mère sont décédés au moment où sa succession
s'ouvre, les frères légitimes sont déchus du bénéfice de la représentation à l'égard de sa succession, et ne succèdent point aux droits de
leur auteur ; seulement ils retirent les objets donnés par lui, et qui se
retrouvent encore en nature. Les biens de l'enfant naturel se par-
tagent entre les frères et sœurs naturels, à l'exclusion des légitimes. S'ils sont tous germains, la succession leur échoit par égale
portion ; s'il y en a qui soient utérins, tandis que d'autres sont
consanguins, il faut nécessairement opérer comme dans les successions régulières (732), puisque le Code n'indique point d'autre
mode de partage.

Mais, si l'un seul des ascendans est prédécédé, que deviendra
la succession ? Sera-t-elle dévolue en entier au parent survivant ?
les héritiers légitimes du parent prédécédé représenteront-ils, au
contraire, leur auteur ? ou les frères et sœurs naturels succè-
deront-ils pour la moitié ?

Les dispositions du Code sur les successions irrégulières ne favorisant spécialement aucune de ces trois opinions, je pencherois volontiers pour la dernière, parce qu'elle est plus conforme à l'esprit général des partages en matière de succession. La première semble trop léser les frères et sœurs naturels. Quant aux frères légitimes, s'ils sont exclus par les frères naturels, à plus forte raison doivent-ils l'étre par le pere ou la mère naturelle. Cependant ils retirent toujours les objets donnés par leur auteur et retrouvés en nature dans la succession (766). Au reste, ils sont tellement exclus du reste de la succession, que, s'il n'existoit ni ascendans ni frères naturels ou descendans de ces frères naturels, ils n'auroient encore aucun droit à la succession, qui seroit dévolue au conjoint survivant non divorcé, et, à son défaut, au fisc.

SECONDE SECTION.

Des Enfans adultérins et incestueux.

L'adultère et l'inceste ont toujours été poursuivis comme des crimes subversifs de tout ordre social : les enfans provenus de ces unions réprouvées ont également ressenti la sévérité des lois. Les Romains surtout déployèrent contre ces enfans une rigueur excessive : *Ex complexu nefario aut incesto, nec naturales sunt nominandi, ut nec alantur a patre*[1]. L'ancien droit françois, en se conformant au droit canon, qui accordoit aux enfans adultérins et incestueux le droit de réclamer des alimens, se montra plus humain, et ne s'opposa point à la loi naturelle, qui impose aux pères et mères l'obligation de nourrir leurs enfans.

Les nouveaux législateurs ont adopté une disposition aussi juste. Mais c'est là qu'ils ont borné les droits de l'enfant adultérin ou incestueux ; il suffit même que son père ou sa mère lui ait fait

---

[1] *Auth. Ex compl. Cod. de incest. et inutil. nupt.*

3*

apprendre un art mécanique, ou qu'un d'eux lui ait assuré des alimens de son vivant, pour qu'il ne puisse élever aucune réclamation.

Sans nom, sans parens, sans famille, les enfans adultérins et incestueux portent donc seuls la peine d'un crime dont ils ne sont que les innocentes victimes. La loi les réduit à de simples alimens, qu'ils ne peuvent même réclamer que dans des cas très-rares, puisque la recherche de la paternité est interdite, et que la loi repousse toute action semblable, qui tendroit à prouver un adultère ou un inceste. Par là ne se renouvelleront plus ces procès scandaleux qui, sous l'ancienne jurisprudence, faisoient chaque jour retentir nos tribunaux des débats les plus licencieux.

La reconnoissance d'un enfant naturel ou incestueux étant interdite (335), son père et sa mère n'ont point de droit à sa succession, qui, s'il meurt sans postérité, est dévolue à ses frères et sœurs naturels, et, à leur défaut, au conjoint survivant et au fisc.

TROISIÈME SECTION.
Des Enfans abandonnés.

Refuser à l'être foible et malheureux auquel on a donné le jour, le lait et les soins maternels; exposer ses jours en l'abandonnant à la commisération publique, que ses vagissemens n'éveilleront peut-être que trop tard; lui ravir sa filiation, son état et sa famille, c'est commettre un crime qui révolte l'humanité et qu'on peut assimiler à l'assassinat ou au parricide lui-même : *Necare videtur non tantum is qui partum perfocat, sed et is qui abjicit, et qui alimenta denegat, et is qui publicis locis misericordiæ causa exponit, quam ipse non habet.*

Ce crime, que l'imperfection de nos lois sociales fait renouveler trop souvent, est prévu par le Code pénal (345 à 353) : mais le mystère dont s'environne cet acte ténébreux, le met presque toujours à l'abri de la sévérité des lois.

Quel seroit alors le sort de cet être foible et abandonné, si la patrie, reconnoissant en lui un de ses enfans, ne lui donnoit les secours que des parens dénaturés, ou peut-être trop malheureux, lui ont refusés?

L'ancienne législation françoise étoit muette à l'égard des enfans abandonnes, et la jurisprudence n'offroit rien de fixe. Cependant l'usage le plus général étoit de les mettre à la charge de l'hospice de la ville où ils avoient été exposés.

Aujourd'hui, le Gouvernement a fondé des établissemens destinés à les recevoir et à pourvoir à leur entretien et leur éducation. Des lois particulières règlent tout ce qui les concerne. [1]

Le droit attribué aux hospices a produit une nouvelle succession irrégulière. Aux termes de l'article 8 de la loi du 15 Pluviôse an XIII, les hospices, à défaut d'héritiers, succèdent aux enfans qui y ont été élevés et qui sont décédés avant leur majorité, leur émancipation ou leur sortie de l'hospice. Les héritiers même ne peuvent succéder qu'à charge d'indemniser l'hospice de toutes les dépenses occasionées par l'enfant; et si l'hospice avoit déjà été envoyé en possession, les héritiers ne pourroient répéter les fruits que du jour de la demande.

Enfin, d'après un avis du Conseil d'État, approuvé le 3 Novembre 1809 [2], les hospices, en cas de déshérence, excluent le fisc quant à la succession des effets mobiliers apportés par les personnes qui y sont décédées après y avoir été traitées ou entretenues, quoique leur traitement ou leur entretien ait été acquitté d'une manière quelconque.

Les hospices excluent même les héritiers dans la succession de ces objets, lorsque le traitement a été gratuit.

---

1 Loi du 27 Frimaire an V; arrêté du Directoire exécutif, du 30 Ventôse an V; loi du 28 Pluviose an VIII, art. 9; art. 58 au Code civil; loi du 15 Pluviôse an XIII; établissement de la société maternelle par décret du 5 Mai 1810; enfin, décret du 19 Janvier 1811.

2 Bulletin, n.° 4778.

SECONDE DIVISION.

Droit du Conjoint survivant.

A défaut d'héritiers légitimes et d'enfans naturels, la succession est dévolue au conjoint survivant, non divorcé. Cette disposition, conforme à l'édit, *unde vir et uxor*, des lois romaines, est fondée sur le principe que la loi défère les successions selon l'intention présumée du défunt.

On doit, en effet, présumer que telle a été l'intention d'un époux qui vivoit en bonne intelligence avec son conjoint, et qui n'a point fait de testament en faveur d'une autre personne.

L'authentique *Prœterea* accordoit en outre à la veuve pauvre et qui s'étoit mariée sans dot, l'usufruit du quart des biens de son mari, s'il ne laissoit que trois ou moins de trois enfans : s'il en laissoit davantage, elle n'avoit droit qu'à l'usufruit d'une portion virile : mais s'il n'en laissoit point du tout, elle avoit le quart des biens en toute propriété.

Le Code civil n'a point adopté cette disposition, et en cela il s'est conformé à l'ancienne jurisprudence françoise : car, bien que la loi *unde vir et uxor* du Code fût suivie en pays de droit écrit, l'authentique *Prœterea* ne l'étoit point, ou ne l'étoit qu'en très-peu de provinces, et seulement lorsqu'il n'y avoit point d'enfans.

Quant à l'exception prononcée par la loi romaine contre l'époux divorcé, l'ancien Droit françois, ne reconnoissant point le divorce, l'avoit appliquée à l'époux séparé de corps. On doit croire, en effet, que l'harmonie est totalement détruite entre deux époux qui en sont venus à cette extrémité. Ils ne sauroient donc réclamer le principe sur lequel se fonde toute succession, le vœu du défunt.

Sous l'empire du Code civil la séparation de corps ne paroît pas devoir exclure de ses droits le conjoint survivant. Cette exclusion, après avoir été présentée et discutée au Conseil d'État, où

elle ne fut point combattue, a été omise dans la dernière rédac-
tion, parce que, dit M. MALEVILLE, on a considéré depuis, que
l'exclusion de la succession, en cas de séparation, pourroit tom-
ber sur l'époux qui n'avoit rien à se reprocher, et qui auroit au
contraire à se plaindre de l'autre.

M. DELVINCOURT cependant soutient sur ce point une opinion
contraire.

TROISIÈME DIVISION.

Des Droits du Fisc.

Lorsqu'une succession s'ouvre, et qu'il ne se présente personne
qui y ait des droits, les biens dont cette succession est composée
sont *vacans*. On seroit tenté de suivre, à l'égard de leur transmis-
sion à de nouveaux propriétaires, la règle du droit naturel, *res
nullius primo cedunt occupanti*, si les prétentions de ceux qui
s'efforceroient d'être les premiers occupans ne devenoient une
source certaine de désordres, et si l'application de ce principe
n'étoit dans ce cas aussi préjudiciable aux intérêts des héritiers
qui pourroient se présenter tardivement, que contraire aux insti-
tutions sociales.

En matière de droit public, la société est la réunion des biens
et des forces de tous les individus qui la composent. Ces biens,
réunis fictivement, font une masse commune dont chaque particulier est supposé recevoir la portion de biens qui lui est particulière, et sur laquelle il obtient un véritable titre de propriété, au
lieu de la jouissance passagère qu'il en avoit en qualité de premier
occupant. Mais, que l'une de ces propriétés vienne à vaquer par
la mort du possesseur, et qu'il n'existe aucun de ceux que les lois
civiles admettent à lui succéder, cette propriété reviendra au domaine public : car, de ce qu'il n'y a personne qui y ait un droit
particulier, il suit nécessairement que tous les citoyens y ont un
droit égal. Or, comme il seroit impossible de la partager matériel-

lement entre tous, on ne peut en tirer un parti également avantageux pour chaque citoyen, qu'en la déférant au domaine.

Cependant, de quelque utilité qu'il soit pour la société que le fisc s'enrichisse, ce ne doit jamais être au préjudice des particuliers. « C'est un paralogisme, dit Montesquieu, de dire que le « bien particulier doit céder au bien public : cela n'a lieu que « dans les cas où il s'agit de l'empire de la cité, c'est-à-dire, de « la liberté du citoyen. Cela n'a pas lieu dans ceux où il est ques- « tion de la propriété des biens, parce que le bien public est tou- « jours que chacun conserve invariablement la propriété que lui « donnent les lois civiles. » Ce n'est donc qu'à défaut de tout héritier que le fisc est admis à succéder ; et, comme les héritiers peuvent se présenter tant que leur action n'est pas prescrite, il est juste de veiller à ce que les biens leur soient conservés, afin qu'ils les retrouvent s'ils paroissent en temps utile. Tel est le motif qui a dicté les articles 769, 770 et 772 du Code, qui ont pour but de faire constater avec exactitude la masse des biens recueillis.

Comme l'enfant naturel appelé à la totalité d'une succession et le conjoint survivant n'acquièrent leurs droits qu'à défaut de tous autres ayant-droits, les dispositions des articles cités leur sont également appliquées (773), et ils sont en outre tenus de faire emploi du mobilier, et de donner caution suffisante pour en assurer la restitution, si des héritiers se présentoient dans l'intervalle de trois ans (art. 771).

FIN.